LIFE

Let them eat cake.

LIFE

Let them eat cake.

LIFE

Let them eat cake.

LIFE

Let them eat cake.

孤独の磨き方

孤獨是一種狀態 寂寞是一種心情

植西聰

許郁文 譯

前言

所謂的「孤獨」，其實塞滿了幸福的種子。所以，我們真正該做的，是從這片名為「孤獨」的土壤中找到已經播種下的「幸福種子」，再細心呵護這些種子成長。

如此一來，這些幸福的種子將綻放美麗的花朵，這些花朵就是所謂的「自我實現」，也就是夢想與願望的達成。

有些種子會開出名為事業成功的花朵；有些則會開出從興趣與學習中得以充實人生的花朵；有些則是自我成長的花朵。許多不同的花朵都是以「孤獨」為養份才得以盛開。

本書是從不同的角度解說：要如何透過、甚至使用孤獨讓這些美麗的花朵盛開。因為，你無論是否愛自己，大部分的人應該都曾經感到孤獨。

現今社會的家庭規模不斷縮小，獨居的人也越來越多。而且，在晚婚的風潮下，有些人即使年過三十、四十歲，仍是孤家寡人地過生活。再者，離婚率的攀高也是造成獨居人口上升的因素之一。

此外，有些人是因為被公司裁員而感到孤獨；有些人則是因為意見與眾人不合，而在公司、群體之中形同孤鳥。

遇到這種情況，如果你只會長嘘短嘆，只將孤獨視為一種寂寞、痛苦，幸福當然會和你漸行漸遠。

其實，此時的你需要的是換個想法。

為了接受這份孤獨，為了讓這份孤獨成為人生的養份，你就必須改變想法。

如果你能正面擁抱孤獨，則幸福的種子將從名為「孤獨」的土壤中萌芽，開出幸福的花朵。

這麼說來，孤獨其實還是一種精彩。

就這層意義來說，即使你現在身邊有許多親朋好友圍繞，即使工作一帆風順，仍然建議你在日常生活中預留一段與自己獨處的時間。因為，這段獨處的時間將帶給你各種好處。你的生活將因為這段獨處的時間更充實，你的生命、工作也將更有意義。

在此，也期盼本書能讓你重新思考「孤獨」的意義。

植西　聰

第1章 「孤獨是寂寞的一種」，這句話其實不大對

第2章

重視「獨處的時間」

第3章

要是能換個想法，孤獨也不會不安

第4章

享受孤獨，人生將被填滿

第5章

生活將因為孤獨而逐漸順遂

第6章

在「孤獨的時光」裡活得像自己

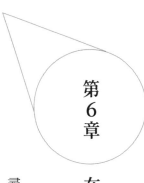

第7章

受傷的心會在獨處中痊癒

第8章

朋友不多也很好，一個人也沒關係

第9章

「孤獨」使人成長

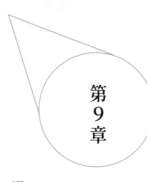

第1章

「孤獨是寂寞的一種」，這句話其實不大對

想讓孤獨治癒心靈，
想找回「做自己」的時間。

Alone

孤獨沒什麼不好

似乎有不少人討厭「孤獨」。或許是因為，孤獨總會帶給人很負面的印象——「很寂寞」「很痛苦」「很冷清」「孤身一個人會被他人另眼相待」……這些是孤獨帶給人的負面印象。但是我必須說，這些負面印象其實大多都是一場誤解。因為，孤獨不一定都是負面的，孤獨也有許多正面的地方。比方說，孤獨也是一種心靈的暫時休息、休養。

當現代人被巨大的壓力壓得喘不過氣來時，往往會在一個獨處的孤獨感裡慢慢痊癒。因此，孤獨時也能去做自己喜歡的事。可以安靜地沉浸在自我的興趣、讀書或音樂裡，而沒有任何人來打擾。所以，孤獨的確有許多正面的地方。

每個人都有「想要獨自一個人靜一靜」的時候。就某種意義上來說，這就是「想讓孤獨治癒心靈、想找回『做自己』的時間」。所以，不應該討厭「獨自一個人」。

想要獨自一個人時，就率性地聽從自己心底的聲音，讓自己的身心置身於孤獨的環境中吧！

而且，與其被動地聽從他人指示，還不如積極地在日常生活中時常安排獨自一個人享受孤獨的時間，這也是找回自我內心寧靜、重拾幸福生活的祕訣之一。

所以，積極地享受「孤獨」吧！

Alone

孤獨，會讓我們的心成長

心理學上有一個名詞叫做——「飯友症候群」。這指的是：無論在學校或職場上，都害怕「一個人吃午餐」的心理狀態。

至於為何會害怕一個人吃午餐？其實是因為怕被他人貼上「那個人沒有朋友」「那個人說不定是一個怪人」的標籤。

所以，就算心裡想要的是「至少在午餐的時候自己一個人獨處」，也還是跟著大家一起去吃午餐。

這種人不僅害怕在午餐時落單，無論是出門遊玩、上街購物、外出旅行時，也往往都害怕「獨自一個人」。

在心理學上，就將這種不自覺「害怕孤獨」的人定義為「精神上不成熟的人」。換言之，就是還沒找到自我「生存之道」的人。

這樣的人，不管做什麼事都想依賴他人，無法獨力完成任何事先設定的目標。

這樣的人，如果想獨立自主成為成熟的大人，能夠儘早「習慣孤獨」是個最佳捷徑。

如此一來，只要能夠獨自思考、獨立判斷，那麼，「獨自採取行動」的機會將會大大增加；心靈也會因此成長，意志力也會益發強韌。

一點一點習慣孤獨。

Alone

孤獨的人既堅強又可靠

英國政治家兼首相溫斯頓・邱吉爾（Winston Churchill，十九世紀至二十世紀）曾說：「孤獨的樹如果成長，就會成長得非常茁壯。」（Solitary trees, if they grow at all, grow strong.）

不和森林中其他的樹木一起成長，而獨自立於大地的「孤獨之樹」，就必須正面獨自承受強風暴雨。雖然這是個不利於這棵樹成長的環境，卻也讓這棵樹得以歷經風霜而越發茁壯。

邱吉爾也說：「『孤獨的人』一如這棵『孤獨的樹』。」

孤獨會讓一個人被迫立於險境。因為身邊沒有任何貴人、可以依賴的人，就會生活得更加辛苦。

但孤獨的人也將成長為一個心智成熟的人，他的意志力將會更為堅定，不會因為遇到一點挫折就一蹶不振。這樣的人勇於挑戰困難，並且能夠跨越困難。

所以，別再害怕在群體中落單，反而應該在日常生活中盡量安排一段「一個人獨處的時光」。因為在孤獨裡，你將會擁有一段面對自我、思考人生的時間，也能使自己成長為堅強又可靠的人。

「孤獨的人」
會
和
「孤獨的樹」
一樣變得堅强與强韌。

Alone

獨處能實現夢想

有句話是這麼說的：「人無法離群索居。」現實的確是這樣。

比如說，需要眾人團結、一起合作才能完成的工作，就無法由一個人獨力完成。就算是「自由工作者」這種獨自工作的人，也得先與客戶溝通協調後才能完成工作。

而確實，如果沒有親朋好友、貴人、恩師的支持，任何人都無法一個人打造出屬於自己的幸福人生。

所以，與職場上共事的相關人士（主管、同事）、朋友或家人之間的關係，當然非常重要。

但同樣重要的是——「要重視一個人獨處的時光」。

事實上，能在世界上締造不凡的事業、實現平安與幸福的人生，這些人都保有「重視自我獨處時光」的習慣。

而那些有夢想的人，也總是保有在日常生活中預留「自我獨處時光」的習慣。

因為，一旦一個人獨處，就會開始面對真實的自己、開始思考各種事。這種內省將會帶領你找到「自己該做什麼」「該為了什麼而做」的答案。這就是成功與圓夢的原動力。

養成「孤獨」的習慣。

Alone

「自我實現」不可或缺的能力

歷史上有一位英國精神科醫生兼心理學者，安東尼．斯托爾（Anthony Storr，二十世紀至二十一世紀）。

他在成名作《孤獨》（*Solitude: A Return to the Self*）一書中極力說明「獨處」對於實現自我有多麼重要。他曾在書中表示：「『習慣孤獨』，將擁有自我發掘、自我實現的能力，也能察覺出埋在自我內心深處的慾望、情緒與衝動。」

將孤獨形容成是一種「能力」，這就是斯托爾的獨到之處。

「自我追求」指的是思考「自己想要做什麼」「窮盡一生也想完成的夢想是什麼」「自己這樣的人究竟有什麼可塑性」等問題。

有些人認為，「自我追求」就是挑戰各種新事物或行遍世界各地。挑戰新事物或到全球各地旅行固然不錯，但在「孤獨裡面對自己」也同樣重要。

安東尼・斯托爾曾說：「透過孤獨，就能察覺到埋在自我內心深處的慾望、情緒與衝動。」這句話的意思是，「因為孤獨，就能找出自己想做的事；以及能否為了自己所做的事感到快樂？」

換言之，孤獨會幫助我們找到自我追求的終點。

了解埋藏在自我內心深處的慾望、情緒與衝動。

Alone

聽見了自己心底的聲音嗎？

在求職或換工作時，你是否常在面試時被問到：

「你未來在本公司想施展什麼抱負？」

「你希望透過這份工作實現什麼樣的人生目標？」

等等這類問題。

其實，許多人不知道該如何回答這類問題；這是因為求職的人不太了解「自己想做什麼」，也不明白「想透過工作達成什麼樣的人生目標」，更不清楚「該如何度過人生」，因此，才會不知道該如何回答。

只是，沒有任何一位面試官會在聽到求職者不清不楚的回答後，還會留下好印象的。

而在沒有志向、沒有願景的狀態下進入公司工作，對求職者來說當然不是一件好事。此時，對求職者來說，最需要的就是找出一段「獨處的時間」，來好好思考面試者提出的問題。

人生中有必要學習獨處，要設法留一段時間面對自己、和自己對話，如此一來，就能慢慢找到：「我到底想做什麼」「我到底想過哪一種人生」這類問題的答案。

蘋果創辦人史蒂芬・賈伯斯（Steven Jobs，二十世紀至二十一世紀），是一位改變世界的經營者。

陸續開發 Mac、iPhone 這類現代必需品的他，曾以下列這句話解釋何為創意與目標：「最重要的事，是要有勇氣相信自己的內心與直覺。因為『內心與直覺』早就知道你心底真正的渴望。」（Have the courage to follow your heart and intuition. They somehow already know what you truly want to become.）

這個意思是，傾聽「我想這麼做」的「心聲」，以及相信「這麼做說不定很有趣」的「自覺」，並採取行動，就能實現充實而幸福的人生。

而賈伯斯也的確聽從心聲與直覺，成為一位名聞全球、極為成功的企業家。

那麼，賈伯斯如何傾聽心聲與獲得直覺呢？據說是透過「冥想」，一個人靜靜地冥想。

不可思議的是，一旦在孤獨的狀態裡、沉入「無心、無我」的冥想中，就能聽見自我內心深處的聲音。

這股湧現的心聲就是「直覺」，它會告訴你自我追求的線索，帶領你找到屬於自己的另一種可塑性，進而前往自我實現的道路。

除了史蒂芬・賈伯斯，其他成功者也常保有獨處的習慣，以從中獲得自我追求、自我實現的線索。

試著獨處時

面對

「我到底想做什麼」

這個問題，

並自問自答。

Alone

你真正想做的事是什麼？

有些人非常害怕孤單。這樣的人，常把行事曆塞滿「與他人見面」的行程。

總之，不與他人見面、說說話，這種類型的人就會感到不安。這樣類型的人回到家，也會馬上急著想透過智慧型手機、電腦或社群網站和別人聊聊天。

其實，這些人應該都有「孤獨很寂寞」「孤獨很冷清」的誤解吧？但像這樣，讓生活沒有片刻「一個人獨處的時間」真的好嗎？其實這是會產生問題的。

因為，沒有片刻獨處時光的人，就沒有機會沉澱下來，好好地思考自己的人生。

「接下來，我該怎麼走下去？」
「接下來，我該追求什麼夢想？」
「屬於我自己的幸福到底是什麼？」

沒有獨處，就沒有機會面對自己與思考這些問題，其結果就是過了大半個人生，猛一回頭看才發現，自己的人生很空虛，很後悔自己「沒在當下認真思考過自己的人生」。

所以，不時地為自己預留一段獨處的時間，思考「截至目前為止是否滿意自己的人生？接下來又該如何走下去？」的問題，是非常重要的。

俄國文豪托爾斯泰（Lev Nikolayevich Tolstoy）曾說：「孤獨時，人才會認識真正的自己。」

一個人安靜地思考自己的人生時，不會被任何常識和他人的意見干擾，就能和「這就是我想做的事」「能實現這樣的人生才是真正的幸福」這類想法相遇。

托爾斯泰則是透過「感受、認識到真正的自己」來表達這些想法。

在「感受、認識到真正的自己」的當下，必定會湧現出無比的喜悅。這也是從孤獨中衍生而來的喜悅。

從孤獨中感受、認識「真正的自己」。

第2章

重視「獨處的時間」

大家一起闖紅燈，
就不會害怕。

Alone

你的人生方向，不是由別人決定

美國女性作家安妮謝儂・夢蘿（Anne Shannon Monroe，十九世紀至二十世紀）曾說：「孤獨不是離港後，獨自於海面上漂流般的寂寞；而是了解真實的自己、了解自己生活在這顆美麗的地球上想做什麼，想往何處去的絕佳機會。」

當一個人覺得孤單時，往往也會覺得不安。這是由於「身邊沒有伸出援手的人、沒有朋友、也沒有情人的我，接下來該如何度過人生」的不安。

這是不知前方該往何處去的不安；這也是如果有悲慘的命運等在前方，我該怎麼辦的不安。

從孤獨中思考「自己想做的事」。

夢蘿以「離港後，獨自於海面上漂流般的寂寞」表現上述的不安。

其實沒有什麼好不安的，也不需要覺得自己非常寂寞，因為，「孤獨」是「發現自我生存之道的機會」。

你的人生方向不是由別人決定，只有「你自己」才能決定。

只要一個人獨處，你就能發現如此理所當然的事，也才能在獨處時進一步思考自己的人生。

而在孤獨中思索「自己想做的事、想往何處去」等問題，將可得到屬於自己的答案。

Alone

不合群也沒關係

以前曾有句俗語說：「大家一起闖紅燈就不用害怕。」

日本人自古以來就習慣於「群體行動」，只要「跟著大家一起」，就算是闖紅燈這麼危險的事，也不用覺得恐怖與不安。

所以，不管是在公司還是生活中，總是想要與一群人一起行動。

這句話正是日本人「習慣於如此」的精神表徵。

但「一起行動就安心」的時代早已一步步遠離了。

以職場為例，現今已是講究成績與實力的時代。

就算懂得「合群」，如果無法拿出成果，在眾人眼中就是「沒有能力的人」，最終只會跌入底層。

在這如此的世道裡，提升個人能力已越來越重要，也必須思考自我的生存之道。

從這一點來看，就不能再將「合群」擺在第一位，而是得更重視「一個人獨處的時間」。這麼一來才能在孤獨裡進一步思考自己的個性與強項、培養自己的能力，進而決定自己的生存之道。

在孤獨裡，留一段提升自我能力的時間。

Alone

人生本就禍福難測

有句話說：「自己的責任自己扛。」意思是，「對自己的行為與生活方式負責任」。

或許有人會覺得這句話說得真好、心態很正確，但其實這句話也有負面的意思。

因為，當人生一帆風順的時候，話要說得多好聽都沒關係；但只要生活「不順遂」，就得被迫負起責任。

比方說，在職場上跌了一大跤、或是拿不出該有的業績，或是因病無法繼續工作時，都得自己擔起所有的責任。

常言道：天有不測風雲。沒有人能預測接下來的人生會遇到什麼事，有時候即使遭逢不測，也得自己擔起所有的責任。

大家應該聽過因為工作上的失誤而被迫辭職的情況吧？此時就算勉強留在公司，也只會遭受到同事的排擠，不會有人願意伸出援手拉你一把。

而「自己的責任自己扛」的想法，我覺得之後將變得更加廣泛。

就這一層意思而言：平常就養成「在一個人獨處時思考人生」的習慣，是一件非常重要的事。

因為，保有這種習慣的人，不管遇到什麼事都不會輕易動搖，也能保持初衷。

把孤獨
當成
一種習慣，
爲生存之道立下不可動搖的基礎。

Alone

習慣獨處的人，能將逆境變成機會

在漫長的人生旅途中，偶爾會遇到與自己無關，卻得因為自己的生存方式自行扛起重責大任的情況。

曾有一位在中小企業服務的男子。

他在工作上非常認真、努力，也曾有能力締造不凡的業績，但這間公司卻因為社長對經營判讀錯誤而倒閉。

公司的倒閉與他完全沒有關係，但他還是因此失業了，獨自一個人被放逐於世界之中。

如果他是一個平常習慣於「在孤獨裡思考人生」的人，或是沒有這種習慣的人，會以不同的方式面對這種情況。

習慣於獨處時面對自我的人，不會因此動搖、失去本性。不習慣獨處與思考人生的人，遇到這種情況，常會因為絕望、憤怒的心情而看不見自己。

故事裡的這位男子是習慣孤獨、習慣思考人生的人。他在孤獨裡找到自己的夢想，也擬定了各種實現夢想的方法。

他藉著這次失業創立公司，挑戰他一直以來很想嘗試的事。習慣思考人生的人，總是能像這樣將危機化為轉機。

在孤獨裡，想想「自己想做的事」。

Alone

藉由孤獨，成為一個能夠獨立的人

俗話說：「識時務者為俊傑。」這是教人如何處世的一句名言，意思是「順從強者才安心」。

的確有的人是向「強者」靠攏，緊緊黏著強者生存。但這樣的生存方式是無根的；這樣的人沒有自己的生存方式、信念與夢想，只是一味地依附於強者。

這樣的人一旦被強者割捨、失去可依靠的人，內心將無可遏抑地產生動搖。

反觀平常就習慣獨處、習慣思考「自己的生存之道為何？」「自己的信念」「自己的夢想」的人，就算被迫陷入孤單無助的狀況中，也不會亂了陣腳，依舊能保有自我。

因為，習慣於「在孤獨裡思考人生」的人，會擁有強悍自主的內心。而「強悍自主的內心」就是「一個人活下去的力量」。

習慣於依附於他人的人，很難一個人活下去。一旦掉入舉目無依的困境，就會慌得亂了手腳。

所以，讓自己在孤獨中得到一個人活下去的力量，才是面對未來的上上之策。

越習慣孤獨，
內心越是自主。

Alone

學好獨處就不會隨波逐流

心理學有一個的專有名詞：「冒險偏移」。

這是一個形容人類心理的名詞，意思是「身在團體時，有可能會被他人一口氣帶往危險的境地中」。

例如，有一個人在公司的會議中提出非常極端的意見，這個意見充滿了各種危險的因素。但在場的每一位與會者卻紛紛投票表示贊成，覺得應該試看看，準備踏入危險的境地。

在這樣的情況下，在場的所有人都很容易失去冷靜、變得無法思考——「如果失敗了，得面對什麼下場」。

這種「冒險偏移」的情況也可能在其他的團體、朋友或家人之間發生。

如果身邊發生這種情況，能讓自己立刻抽離這個冒險偏移的團體、冷靜謹慎地進行判斷的能力就非常重要。這項能力能讓自己免於捲入危險的漩渦，也能從這個漩渦中拉出自己的夥伴與家人。

如果你要問，如何才能在如此危險的群眾心理中保持冷靜？答案就是——平時就養成在孤獨之中思考的習慣；保有「在孤獨中思考」的習慣，將免於捲入危險的群眾心理中。

養成「在孤獨中思考」的習慣。

Alone

孤獨是離別之苦的藥

近幾年，選擇離婚的夫婦越來越多。

選擇離婚其實有各式各樣的理由，但其結果都得在離婚後各自面對一個人的生活。有些人就會因為耐不住獨居生活而陷入憂鬱之中。

一對夫妻能不踏上離婚之途，恩愛地一起生活下去自然再好不過。但從近年來離婚率逐漸攀升的現狀來看，培養離婚後也能獨自一個人活下去的力量才是有備無患之策。

某位女子因為老公外遇而離婚。明明責任不在她身上，她卻因為離婚而被迫獨自生活。

而且，她沒有小孩。

雖然她因為頓失伴侶而感到寂寞，卻不曾因此慌亂，丟失自己的本性。

這是因為，她在還沒離婚時就養成思考人生的習慣，也常透過書閱讀提升個人涵養；偶爾也會一個人踏上旅途、一個人到陌生的地方去旅行。

她在獨處時思考，在孤獨裡培養「一個人活下去的意志力」。所以，離婚後，她依舊活得堅強而有自信。

即使結婚，也要保有「一個人獨處的習慣」。

Alone

獨自一個人，也能活得很充實

在現今急速演化為超高齡社會之際，小家庭化的社會也儼然成形，三代同堂的家庭已越來越少，導致喪偶後，獨居的老年人也越來越多。

日本有一種「悲嘆死」的說法。

因為失去另一半而陷入深沉的悲傷與獨居的寂寞後，掉入精神不濟的深淵，甚至罹患重病，最終隨著先走一步的伴侶走向另一個世界。

據說這種「悲嘆死」的例子至今已越來越多。

失去伴侶當然悲痛。

但是我希望這些人思考的是：失去另一半之後，人生還很漫長，從長遠來看，在失去伴侶後也過著充實的人生，才算是為自己著想。

而要讓喪偶後的人生變得充實，就應該在夫妻共同生活時培養屬於自己的興趣，並保有一個人出外遊玩的習慣。

如此一來，就能夠透過這類單獨行動，培養出「一個人也能過得很充實的意志力」。

保有自己的興趣，偶爾一個人出門玩。

第3章

要是能換個想法，孤獨也不會不安

在真正的孤獨裡，
將成就前所未有之事。

Alone

人類本來就是孤獨的

佛教經典中有一部《無量壽經》。

這部《無量壽經》如是說道：

「人活著，總是祈求與各種人之間的來往關係，最後卻是一個人出生、一個人死去。意即『獨自而來，獨自而去（意譯）』（註）。」

這段話的意思是「最終，人是孤獨的存在」。

人活著，總是想得到心愛的人、結交親愛的朋友。的確，許多人的身邊圍繞著親愛的夥伴與朋友，過著幸福的生活。

但是，天下無不散的筵席，有時不得不與夥伴生離死別；有時也會與朋友吵架分手；有些人會因為離別而痛不欲生。

其實這樣的情況難以避免，或許一開始就抱持著「人類終究會孤獨」的覺悟活下去會比較好。也就是在心裡的某個角落先為自己做心理建設：人始終免不了一個人孤獨。

如此一來，即使與重要的人別離，也能保有平常心，毫不動搖地繼續活下去。

孤獨，
就是
這部
《無量壽經》告訴我們的事。

註：原文為「人在世間，愛欲之中，獨生獨死，獨來獨往。」

Alone

擁抱孤獨，就有面對離別的勇氣

有時候，我們可能會在職場上成為人際關係的孤鳥。某位女子就曾有這樣的經驗。

從某個時候開始，公司的同事就對她不理不睬。

但是，她沒有做錯任何事，只是似乎有一位同事很討厭她，到處說她的壞話，所以沒有任何同事找她一起去吃午餐，工作結束，大家一起出遊時，只有她沒被受邀出席。

而且，大家聊得正開心的時候，只有她被排擠在話題之外。

感到被排擠的她於是就換個角度想：

「反正我手上的工作不會因為我落單而被搶走，我還有許多該完成的工作，落單反而讓我有更多時間與精力專心在工作中。這麼看來，被排擠反而是一件好事。」

當她將心力放在工作上，就得到上司與客戶的好評，也得到同事的信賴。

如果能像她一樣正面思考孤獨為何物，應該就能扭轉人生的方向。

重要的是：要試著以不同的價值觀看待「孤獨」，相信「孤獨不全然是一件壞事」是個非常重要的轉變。

在職場上被孤立，也要樂觀以對。

Alone

從頭銜的束縛中解脫

「失去頭銜的同時，也失去來往的對象。」某位男子遭遇了上述的情節。

他曾是某間公司的部長。

當時的他幾乎每天都被上司、同事或客戶問：「下班後，一起去吃飯吧？」即使是休假，公事上的朋友也常常問他，「要不要去打高爾夫球？」

只可惜，他因為一次重大失誤而被拔掉「部長」的頭銜。

從此之後，不管是同公司的同事還是客戶，都再也沒有人找他一起去吃飯或打高爾夫球了。

這種翻臉比翻書還快的遭遇，讓他嘗盡了孤獨的滋味。

後來他省視自己的人生後，告訴自己，既然沒有人找他吃飯，他反而可以在下班後立刻回家，也能擁有許多屬於自己的時間。既然沒有人找他聚餐，就不用擔心吃太多的問題，對健康也是一件好事。

就結果論而言，他的確是孤獨的，卻在孤獨之中得以重新檢視自己的生活、找到新的生存價值與工作意義，甚至活得比擔任部長時還神采飛揚。

失去
頭銜，
變得
孤伶伶的
也可以覺得沒關係。

Alone

用孤獨強化自己的能力

某位女演員曾在節目上坦承自己小時候曾被罷凌。她從小就是連續劇或電影的童星，所以小學的時候，不斷被班上的同學嫉妒及罷凌。

在學校被孤立的她，沒有任何人陪她玩，連可以說說心裡話的對象都沒有。但是她卻藉由這份被孤立後的孤獨，鼓勵自己「努力當一個好演員」。

既然沒有一起玩耍的朋友，就能早早回家。

由於擁有許多屬於自己的自由時間，所以她利用這段時間去演員學校上課學習。結果，長大成人的她也成為一名知名女演員。

除了這位女明星之外，似乎有不少知名的藝人與音樂家，都曾在孩提時代遭到罷凌。但這些人似乎都將這份孤獨轉化成展翅高飛的能量。

被罷凌、被孤立，也能像這樣成為自我成長的助力。

重點是：別在被霸凌孤立時感到絕望。不絕望，就看得到通往未來的希望，也能在未來築起幸福美妙的人生。

孤獨
可以
是
成長空間。

Alone

孤獨會培養出旺盛的野心

幕末日本有位英雄，名叫坂本龍馬。

他曾讓水火不容的薩摩藩（現在的鹿兒島縣）與長州藩（現在的山口縣）和談，促成「薩長同盟」，將當時的時代潮流扭向維新，也因此成為日本歷史上的知名人物。

據說，英雄一世的龍馬在小時候是個成績吊車尾的學生，也是一名孤獨的少年。

龍馬從十歲開始就去漢學的私塾上課，卻不是個認真讀書的少年，所以沒多久就退學了。

當時的他既畏縮又寡言，所以沒什麼朋友。雖然如此孤獨，但是「想要改變世界、成為大人物」的野心，卻在他心中不斷膨脹。

用孤獨來扭轉劣勢。

從龍馬的事蹟可以發現，孤獨很可能是催生其巨大野心的動力。畢竟他要做的事，不是難度極高，就是被認為不可能。

或許有人正因為被貼上「劣等生」的標籤而感到孤單。或許有人因為業績不佳，而在公司遭受排擠。

但人生不會在這樣的孤獨之中結束，每個人都能將這份孤獨當成培養巨大野心的養份，讓人生正向發展。

Alone

將孤獨轉換成快樂時光的方法

這是個隨著丈夫調職、移居他縣市的一位主婦的故事。她在移居的城鎮沒有任何認識的熟人或朋友，覺得孤單的她曾因此好長一段時間都閉門不出。

在這段時間裡，她找到能全心投入養成的興趣，那就是園藝。這項興趣早在他們搬家之前就有了，但生活中有太多的瑣事，讓她一直沒時間蒔花弄草。

但搬家後，常常待在家中的她卻閒得發慌，於是，她將這些時間投注在園藝上，還打造了一座美麗的庭院，結果這座美麗的庭院最終吸引雜誌採訪，也有許多前來參觀的遊客。

我想，也有人像這位女子一樣，懂得在人生地不熟的環境中享受孤獨。

或許有些人正因為調職到陌生的地方而覺得生活寂寞。

但其實不一定要否定這份孤獨，倒不如將這份孤獨視為「能全心投入興趣」的機會。換個角度思考，你將發現，這個孤獨的時光大有價值。

沒有
認識
的人
或朋友，
也要有可以投入心力、
持之以恆的興趣。

Alone

繭居在家時孵化的成功種子

某位男性小說家曾透露自己有段繭居在家的過去。

據他的說法，他在高中畢業後，考大學不順利，於是就把自己關在家裡。

從此以後，他就不再去學校或補習，也不找工作，甚至連打工都不找，就這樣繭居在家十年以上。

換言之，他孤獨地生活了十年以上，但是他可沒有虛擲這十年的光陰。

本來就愛好文學的他，在這段孤獨的時光裡遍覽各種小說後，就開始學著寫小說。

他努力了很久，花了很多心力，終於過了三十歲那年，憑著小說得到新人獎，還躍居為第一線的小說家。

想必大家已經知道，「孤獨」並不等於「空虛」，並非眼睜睜地看著時間從眼前流過。

只要改變對孤獨的認知，我們都能為自己的人生打造一些成果，讓這份孤獨轉換成充實的生活。

大部分的人不是想得到孤獨而獨處。一如這位小說家，也不是真的想閉門不出，但命運卻帶著他踏上這條路。

如果你被迫陷入這種狀況，不妨對孤獨多一分肯定，試著利用這份孤獨，創造一些屬於自己的成果吧！

試著從孤獨中創造屬於自己的「成果」。

Alone

失戀的孤獨，可以是成就偉大的力量

或許有人因為失戀而經歷了難以忍受的孤獨。心儀的人不願接受自己的愛情，的確是會讓人被痛苦的孤獨感淹沒，但是卻有人因為這種孤獨而獲得偉大的成就，德國大文豪歌德（十八世紀到十九世紀）就是其中一位。

年輕的歌德曾經戀上某位美麗的女子，可惜這女子早已有未婚夫。歌德的戀情最終無法開花結果，他也因為失戀而墜入悲傷的深淵。據說因此陷入孤獨的歌德，甚至有過為情自殺的念頭、但是他不但度過這個難關，也在這段孤獨的時光裡寫出《少年維特的煩惱》。

這本小說在當時的歐洲成為暢銷著作，歌德也因此聲名大噪，並得到活下去的希望。

對一般人來說，來自失戀的孤獨是艱辛的，不如把這份孤獨視為「達到偉大成就的原動力」。

小說也好，製作音樂與其他創作也好，這份原動力，都有可能成為傑出作品的養分。

因為，「失戀的孤獨」充滿了創作的能量。

試著在「失戀的孤獨」裡進行創作？

Alone

真正的孤獨，可成就前所未有之事

英國音樂家、披頭四成員之一的約翰藍儂（John Lennon，二十世紀）曾透過作品表示：「人在孤獨時，在真正的孤獨裡，將成就前所未有之事，所以，請振作吧！」（You accomplish the thing no one could do at one person really at one person. So be steady.）

這句話裡的「成就前所未有之事」，也可解釋成「那人將成就自我色彩濃烈的豐功偉業」。這份成就將轉化為人生的希望。也意味著，陷入孤獨時也別忘了要「振作」。

要練習在孤獨裡看清楚自己。

要振作！樂觀地邁向接下來的人生。

然而，確實在獨處時，很容易陷入悲觀的情緒；很容易覺得窮極一生也踏不出這份孤獨。

但這份孤獨也可以成為「成就自我人生」的起點。所以，不需要悲觀。而是要樂觀地擁抱孤獨、思考這樣的自己能做些什麼。

如此一來，這份孤獨也將為你今後的人生帶來無限的光輝與收穫。

孤獨是「起點」，不是「終點」。

Alone

潛藏於孤獨中的創意之苗

高村光太郎是日本知名的雕刻家（十九世紀至二十世紀），智惠子是他深愛的妻子。遺憾的是，智惠子在光太郎五十五歲左右就離開人世。

與心愛之人的死別，讓光太郎陷入無盡的孤獨中，但孤伶伶的光太郎卻因此寫成《智惠子抄》這本詩集。

這本《智惠子抄》出版後就得到大眾的青睞，許多人都拜讀過其中的詩，最後甚至被編入日本教科書，供後人繼續閱讀。

與心愛之人生離死別，就會感受到巨大的孤獨，或許有的人還會因此覺得「好想一死百了」。

但這份孤獨很有生產力，也是創作的原動力。

換言之，在與心愛之人的生離死別後，找出這份原動力，讓接下來的人生充滿希望。或許與智惠子生離死別的光太郎，就是在這份孤獨中感受到必須透過書寫來發散的情感與力量吧！

我想，光太郎在寫出《智惠子抄》這本詩集後，也連帶找出了活下去的希望。

由光太郎的例子可知，「孤獨」不全然是負面的，發現孤獨的正面意義也非常重要。

光太郎在太平洋戰爭結束後，在岩手縣花卷市的山中蓋了一間小屋，並在那裡度過七年的獨居生活。

他在戰時寫過不少歌誦太平洋戰爭的詩，但這場戰爭最終以日本戰敗收場。

戰後，民主主義抬頭、價值觀丕變的時代來臨，光太郎也批判自己那些讚美太平洋戰爭的詩。他厭惡寫詩讚美戰爭的自己，也讓自己逃入孤獨之中。

但獨居山中小屋的生活也成為光太郎的靈感來源，他就是在這段時間裡寫出《典型》這部詩集，這部詩集也獲得新聞社的文學獎。

誰都可能因為自己的所作所為而被眾人抨擊，也會因此極度厭惡自己。

這時，內心會因此充滿強烈的孤獨感。但即使這樣，也不要過於否定孤獨，要從中找出具有建設性的部分，希望也將從那裡萌芽。

將孤獨的悲傷化爲生產力。

第4章

享受孤獨，人生將被填滿

為自己預留一段逃入避風港的時間。

Alone

孤獨就是一種自由

德國哲學家康德（Immanuel Kant，十八世紀至十九世紀）曾說：「我是孤獨的，我是自由的，我是自己的帝王。」

這句話可以解釋為「獨處時，不受他人制約，如同帝王般掌控自由」。

人在孤獨時的確是自由的。

獨處時，不需要在意他人眼光，不會有人對你說：「不可以這麼做。」也不被社會常規所囿限，更不需要在意穿著體面與否。

自由，不啻是獨處時的一種特權。哪有不享受「自由」這種特權的理由呢？

孤獨，
讓我們
擁有
自我解放的時間。

選擇孤獨，盡情地享受這份自由，才是聰明之舉。這也是讓人生充滿幸福的祕訣。

俗話說：「享受孤獨」；反面來說，就是「享受自由」。

「自由」的時間對人們來說何其重要，因為這也是解放自我的時間，這段時間將帶來滿滿的幸福感與充實感。

而只有孤獨，能帶給我們如此的自由。

Alone

好奇心會因為孤獨而旺盛

日本哲學家三木清（十九世紀至二十世紀）曾說：「如果一本書讀完，沒讓讀者產生想讀其他書的欲望，代表這本書不是一本好書」。

三木清的這句話也可以解釋為「讀了好書，會想再讀另一本書」。讀一本對自己有益的書，讓這本書刺激你的好奇心，強化想從這本書深入了解的求知欲。接著想繼續讀讀其他的書。

有時候，讀完一本書，會興起想進一步了解作者的念頭，會想讀讀這位作者的相關著作。

像這樣，讀了一本有益自己的書、會讓你想知道更多，也會讓你的好奇心變得更旺盛。

讀書可以刺激好奇心，讓人對更多事物產生興趣，也讓人生變得更豐富。

而只有孤獨，能讓你有機會仔細閱讀一本好書。孤獨將讓感性變得更清澈。

所以，在獨處時讀書，可以讓好奇心增加。即使只是為了活化好奇心，「在獨處時讀讀書」也是上上之策。

讀完一本書，會想繼續讀下一本書。

Alone

把堆著沒看的書讀一讀吧？

不知道你是否聽過「積而不讀」這個說法？也就是光買書卻不讀書的意思。

假設你想讀某本書，也買了這本書，結果這本書一直堆在書海裡而沒有翻開閱讀，這就是「積而不讀」的狀態。

有些人的家中堆滿了「欲讀未讀」的書。而「想讀」的書若沉入書海，實在是一件非常可惜的事。

要想好好消化累積的書，為自己預留一段「獨處的時間」是最佳方案。所以，請養成「固定拒絕外出和朋友遊玩，獨自一個人讀書」的日常習慣。

獨處時，盡情享受讀書的樂趣。

當身邊有其他人時往往無法專心讀書，但獨處卻可以讓我們比平時還專心，也能深入了解書裡的內容；或是快速讀完這本書，進而吸收更多知識與深化自我的內在。光是如此，就能對自己產生絕大的助益。

讓自己能輕鬆地在獨處時讀書，絕對是有益人生的習慣。

Alone

孤獨可以是避風港

人生有時候會意外地被迫陷入孤獨的處境。

某位男子因為公司的人事安排，被調往其他縣市的分店任職。當時因為家裡的一些情況，所以他不得不留下妻兒獨自前往分店就任。

接著是在分店當地的情況。

每天下班回家的他，看不見心愛的家人，房子裡只有他自己。直到就寢，都是獨自一個人。

對於不知該如何享受孤獨的人，恐怕會覺得獨處是一段又寂寞又煎熬的時間，甚至有些人會為了尋求他人慰藉而玩物喪志。

比方說，有些人會藉由酒精排解源自孤獨的寂寞；有些人則透過網路購物來忘卻孤獨，這就是所謂的「強迫性購物」；有些人則會暴飲暴食，一解孤獨帶來的痛苦，這類型的人只能在嚥下食物的瞬間暫時忘卻孤獨；有些人則因為受不了孤獨而沉迷於電腦遊戲中。

不過，單身赴任的他並不覺得孤獨很痛苦，也不曾為了寂寞而苦，因為他有研究鐵道的興趣。換言之，他是一位鐵道迷。

他將這段獨處的時間用在閱讀鐵道相關雜誌、火車時刻表，以及整理自己拍攝的鐵道照片。

對於他來說，這是一段既快樂又充實的時間，因此，他從不以獨處為苦。

人生有時候就會像故事裡的這位男子，突然得面對獨處的自己。有個人興趣的人，就能在此時善加利用一個人獨處的時間；沒有個人興趣的人，則很難妥善利用獨處的時間，人生也因此變得空虛。

如果能像這位鐵道迷男子般擁有個人興趣，或許就能懂得如何享受孤獨。

有個人興趣的人，從不覺得孤獨是一種痛苦，所以反而會積極地為自己預留一段獨處的時間，以提升生活品質或是工作效率。

對於他來說，這一段投入個人興趣的獨處時光，是其獨處生活裡最大的快樂。

企業家小山五郎（二十世紀至二十一世紀）曾經擔任日本三井銀行會長，也是在金融界大展拳腳的人物。

他曾說：「個人興趣就是『人生的避風港』，為自己預留一段逃入避風港的時間是非常重要的一件事。」

這裡所說的「避風港」沒有負面意義，而是「消除工作倦怠」「解除壓力」「遠離千絲萬縷的人際關係，找回個人樂趣」的地方。

換言之，有了避風港，才能充滿活力地走下去。而且，我們不時都需要這種能一個人獨處的避風港。

在
一個人
獨處
的
「避風港」
中
享受自己的個人興趣。

Alone

孤獨的時候，正好學點東西

有些人選擇在獨處時提升自己的能力，讓自己過得更充實。

這是某位單身女子的故事。

獨自一個人生活的她，每天下班後就一個人待在家裡。

她從不覺得一個人待在家裡很痛苦，因為她總是將這段獨處的時間用來練習英文。

每天一點一滴學習的她，感覺自己的英文能力慢慢地提升。這種「慢慢提升」的感受是她心中的一大滿足，所以她從未覺得孤獨等於寂寞。這種提升自我的學習讓她擁有美好的夢想。

「想擁有更強的英語能力，想試著在國外工作。」

「想結交外國朋友。」

「有機會的話，想到國外留學。」

隨著她的自我提升，這些夢想也益發地變得真實且具體了。也因為有了這些夢想，用來學習英文的獨處時光也讓她有踏實的感覺。

如果你也能像這位女子利用獨處的時間自主學習，就會讓生活變得更充實。

學習

擁有

自我

提升

的

喜悅與美好的夢想。

Alone

孤獨時，試著書寫

享受孤獨的方法還有書寫。寫日記就是其中一種。

當一天進入尾聲，在獨自一個人的環境裡，把今天發生的每件事一一寫下來，同時加註得到了什麼經驗或教訓；也可以進一步寫下如何利用這類教訓，讓自己不再犯下類似的錯誤。

像這樣寫日記這種「孤獨的作業」，可以讓一整天變得非常充實。

上了年紀的人，也可以為自己寫一本自傳。

可以在自傳裡回顧自己的人生，寫下過去的體驗以及曾經相處過的人。把過去所有的快樂、痛苦與悲傷全都寫出來。

寫自傳，也能讓獨處的時光變得充實。在這個過程中，應該會覺得自己的人生其實還蠻值得一提。

除了日記之外，也可以寫寫詩或俳句，當然也可以寫小說。

書寫將讓我們學會享受孤獨的方法。

利用獨處的時間書寫。

Alone

「一個人散步」的必要

另一種享受孤獨的方法就是散步。

散步往往可以有各種發現。即使是熟悉的街道，一個人沉浸在孤獨裡散散步，也能看到之前未曾注意到的事物。

例如，「原來這裡有這麼漂亮的花圃啊！」

「原來這裡有這麼漂亮的店，之前都沒注意到。」

「從這裡眺望的風景怎麼會如此美麗呢？」

「這裡的大學有提供社區課程啊！沒想到還貼了海報公告。」

這類發現。

而走在未曾走過的街道上，會有更多前所未有的發現。

散步能讓我們得到各種新體會，讓我們因此感到喜悅與快樂。所以，建議大家要多利用屬於自己的時間，一個人散散步。

散步也是一種適度的運動。有益健康，也能增強體力，還對減肥有所助益。

目前已知的是，散步有助於腦部活化，也能消除壓力。

基於上述，散步有助於健康、活化腦部，也對心理健康帶來各種良好的影響。

許多哲學家或思想家都有每天散步的習慣。例如，美國思想家亨利戴維・梭羅（Henry David Thoreau，十九世紀）就是其中之一。

梭羅最為人所知的就是：他曾待在深林兩年多，過著一個人自給自足的生活。他也在這段時間寫出《湖濱散記》（*Walden; or, Life in the Woods*）——這部廣為人知的名著。

據說散步可以提升大腦的運作速度，所以散步時才能進一步思考事物。有時能讓紛亂的思緒變得井然有序；有時甚至會讓長期以來的困惑得到「啊！原來是這樣」的解答。

梭羅在深林獨居時常在森林裡散步，並將散步中獲得的靈感寫進《湖濱散記》。他曾說：「悠哉地散步，是為了活下去的偉大努力。」「散步」與「書寫」，似乎讓梭羅的獨居生活變得特別充實。

散步
是爲了
活下去
的
偉大努力。

第5章

生活將因為孤獨而逐漸順遂

不可屈服於
普羅大眾建立的習慣與習俗。

Alone

心中的寧靜無法外求

法國思想家拉羅什・福科（François VI, duc de La Rochefoucauld，十七世紀）曾說：「無法在內心發掘寧靜時，向外尋求寧靜也是枉然。」

人就是會有「內心不安靜」的時刻。例如，對未來感到不安的時候；或者覺得人際關係不順遂的時候；抑或是快被工作的壓力壓得喘不過氣的時候；對現狀的不滿快要爆發的時候。

有些人會在此時向外尋求心中的平靜。例如，找朋友一起出門走走就是其中之一。

但大多數人想向外尋求歡樂、一掃內心鬱悶的時候，往往會將原本的不安鑿出更深刻的輪廓，最終仍然無法尋得內心真正的平靜，甚至造成反效果。拉羅什・福科似乎正是這樣的人。

這樣的人應該放棄向外尋求，而是該向內尋求寧靜，靜靜地等待內心平復。

「向內」就是不和任何人見面，只將自我置身於孤獨中的意思。而獨處，有助於深思事物。試著進入孤獨與冥想之中，也是個不錯的選擇。

內心不安時，試著置身孤獨中。

Alone

要是心亂了，就先獨處吧

工作一段時間之後，有可能會遇到「思緒陷入紛亂」的問題。例如，寫不出企劃案、解決不了眼前的狀況。

這時，有些人選擇與別人商量、接受別人的建議，找到「這麼做或許不錯」的方案，思路也因此變得清晰。

但有時候，思緒會因為外來的建議而更加混亂；也可能因為諮詢的對象不太認真聽你的煩惱，讓你的心裡變得更煩躁。

此時或許就得考量：自己是不是過於期待他人以及外來的建議。

如果真是這樣，倒不如先讓自己獨處，徹底思考事物的本質。這或許是讓心理層面更健全、建設性更高的方式。因為，無論是什麼樣的狀況，說到底，都只能憑一己之力解決。

獨處時，人的感性最為清澈透明，靈感也最為豐沛。所以，別再依賴他人，試著獨自一個人思考吧！

如果你的思路依舊混亂，不妨一個人出門散散步。走著走著，或許就會浮現出——「就是這個答案！」的靈感哦！

獨處時，人的感性最為清澈透明。

Alone

越是忙碌，越需要不受外界干擾的放空時光

人在越忙的時候，獨處的時間就越少。

忙碌的人總是有許多人要見，時間也被這類行程塞得滿滿的，必須解決一個又一個行程才行。尤其有家人的時候，只有洗澡或上廁所這類必須與他人分隔的情況下才有機會獨處。

但越忙碌，越需要不受他人打擾的放空與休閒。而獨處，是一段解放日常壓力的時間，也是讓自己有機會思考「下一個成功的機會在哪裡」的時間；也是有機會進一步思考「如何解決眼前問題」的時間。

即使只是短暫的一段時間，都能讓你從繁雜的人際關係中獲得解脫，找回原本的自我。

無法
在
日常生活
中
留一段「放空時間」的人，
會被碰撞得遍體鱗傷。

沒有這段放空的時間，你將被忙碌的日常生活推著走，直到身心俱疲、遍體鱗傷為止。

沒時間尋找新的機會、沒時間思考解決問題的方法，將無法維持好的狀態，終究會步上衰頹一途。因此，越忙碌，越該為自己預留一段放空的時光。

Alone

獨處的時間減少，運氣也會變得不好

某位男性小說家曾有過下列的遭遇：

他是一位才華洋溢、備受眾人期待的人。也曾得過文學大獎。得獎後，報章雜誌的採訪；電視、廣告的邀約、演講的工作等紛紛接踵而來，所以他不再有時間一個人靜靜地寫小說了。

他的本職是小說家，小說方面的工作當然也會有出版社不斷上門邀約，逼得他不得不在百忙之中抽空寫寫小說，但小說的品質也因此一落千丈。如此一來，也使他的讀者不斷流失，小說的銷量也日漸下滑。

「變忙」↓「沒有時間獨處」↓「做不好工作」↓「被大眾或運

勢拋棄」。這位小說家的例子在其他領域中並不少見。

這樣的人，必須在時間被雜事佔滿、被大眾或運勢完全拋棄之前找回「屬於自己的時間」。

這位小說家最後的命運如何呢？

覺得「再這樣下去不行」的他，斷然拒絕媒體的採訪，為自己預留獨處與寫小說的時間，也因此又能寫出優質的小說，成為長期活躍於文學第一線的作家。

「獨處」是讓運勢重新燒旺的原動力。

增加「獨處的時間」，讓自己專注於本職的努力上。

Alone

少了孤獨，成就不了大事

西班牙畫家畢卡索（Pablo Ruiz Picasso，十九世紀至二十世紀）曾說：「少了孤獨，成就不了大事。」

畢卡索是一位畫境、畫工超凡，為後世留下無數傑作的知名畫家。他在孤獨裡面對作品；在孤獨裡靜靜地努力，因而催生出至今仍為眾所周知的傑作。

在經歷這一切之後，他堅信：不獨處，不僅畫不出傑作，也成就不了大事。

想必他在日常生活中早就體會到：要催生傑作，就需要獨處！這樣的體認成就了畢卡索。他的畫也散發著與眾不同的個性，畢卡索在這樣的「孤獨」裡培養出這樣的個性。

這個道理同樣也可運用於一般企業。要提出富有鮮明個性的企劃案，就少不了要先獨處。

最近不管是哪一種行業，都需要打造「鮮明的個性」。

如果習慣於傳統，無法與競爭對手拉開差距，也會漸漸被大眾遺忘，自然也與成功絕緣。

所以，不以獨特性為號召、不做一些空前絕後的事，個人企業就無法發展與壯大。

透過孤獨，找出個性鮮明的生存之道。

Alone

孤獨突顯個性

近年來，由大企業與個人、小團體一起創造商機的例子已越來越多。例如，大型電腦製造商會和研發新技術的人一起開發新產品。大型汽車製造商也會和開發電動汽車的業者，一起開發第二代的電動汽車。

這是因為，以往大企業被傳統所困，無法提出「富有鮮明個性又劃時代的創意」，所以遲遲無法找到打開未來大門的鑰匙。

如果要問大企業為何催生不了「富有個性又劃時代的創意」？理由之一就是：很難安排獨自思考的時間。

大企業的工作模式通常是一群人開會、一群人分工合作。這種模式當然有其優點，卻也常常為了滿足與會眾人的意見，而讓原本突出的創意被磨得平庸，所以才無法催生出富有個性、創新的好點子。

反觀個人工作室或小團體就能一個人工作，也因為身處「一個人的孤獨」中，才能陸續提出有個性的創意。

就這層意義而言，在大型企業裡工作的人，應該也要為自己預留一段「獨自思考的時間」。

有個性的創意，也會因爲妥協變得平庸。

Alone

孤獨可以擺脫束縛

美國思想家拉爾夫・沃爾多・愛默生（Ralph Waldo Emerson，十九世紀至二十世紀）曾說：「不可屈服於普羅大眾建立的習慣與習俗，以免扼殺自己的個性。只有『個性』，才是人類最大的力量來源。」

近年來，除了自由工作者這類「靠自己的名號」行走江湖的人之外，企業經營者、公司職員等也越來越重視所謂的「個性」了。

如今是一個不擁有發光發熱的才華就無法脫穎而出、締造成功的時代。換言之，「個性」才是將一個人導向成功之路的最大動力。

如此一來，就有必要要重視與磨練自己的個性。

只可惜，要在社會上生活，就免不了要和「社會」和諧相處。

在社會上，要和大多數人視為善良的價值觀共處，因此要完全規避某些風俗或習慣是很困難的。

如果不想屈服於這些由普羅大眾約定成俗的習慣，「獨處」是解決此問題的其中一種方法。

獨處能讓人從「習慣」這類束縛中解放，原本的個性也因此有機會更被突顯，更能自由地思考與行動，最終將得到邁向成功的機會。

在孤獨中，讓自己原本的個性更被突顯。

Alone

擅長孤獨，將走向全世界

相較於西方人，「不」獨自行動的日本人比較多；而基於個人主義的普及，西方人則比較喜歡獨自行動。

近年來，已有許多外國觀光客造訪日本，其中不乏獨自旅行的西方人。他們不覺得孤獨有什麼辛苦，反而以享受孤獨為樂。

反觀日本人，被「協調主義」——這是一種不准擅自行動，得集體參與相同行動的思維——深深紮根於心中，或許是受到這類思維所害，許多日本人都覺得孤獨是一種痛苦。

常聽人說：「西方人的個性鮮明，日本人卻毫無個性」，其原因之一在於「個人主義」與「協調主義」之間的差異。

就商場而言，現今已是日本人進軍海外市場也不罕見的時代。除了工作之外，有些人也會因為旅行或其他理由到國外；也有的人是為了讀書而前往國外。

如果想和來自不同背景的各國人士競爭，甚至脫穎而出，日本人就必須兼具協調性與個人主義的思維，必須更善於獨自行動、與習慣孤獨。

別覺得獨自行動是一種痛苦。

Alone

妥協大多無用

有時候，一個人的個性太突出，通常會被周遭的人看成是個特立獨行的人。

這樣的人擁有不同於一般人的價值觀，言行舉止也常不被一般人理解，這也讓他們常常成為別人的眼中釘。

不了解自己的個性，又被周圍的人批評，長此以往，常常會讓人覺得孤獨。不過，請不要因此而覺得煩惱。

只有能夠承受孤獨、或進一步享受孤獨的人，才能讓自己的個性更鮮明、突顯，縮短到達成功的距離。

知名藝術家岡本太郎（二十世紀）曾說：「不要希望別人認同自

己，而是要貫徹自己，否則就找不到值得賭上人生的事了。」

「希望得到別人認同」的人，往往會為了討人歡心而扼殺自己原有的個性。但岡本太郎認為，每個人都要貫徹自己，而非扼殺自己。

「貫徹自己」，就是「即使被批判、即使被冷落，也要個性鮮明地活下去」。如此才能「找到值得賭上人生的事」。

換言之，貫徹自己，才能實現滿足又充實的人生。

即使被批判，也要貫徹自己的個性。

Alone

「孤獨的時間」對經營者很重要

領導者總是孤獨的。

公司裡最終的決定通常來自公司最高層的某個人，一旦這個決定失敗，也得由他一個人擔起所有的責任，沒有人可以幫他。這意味著，站在公司最高層的人是孤獨的。

但有些站在最高層的人反而極力尋求孤獨。因為經營者很難擁有獨處的時間，他們的每一分鐘的行程都被公司的會議、業界的聚會塞滿；還有許多要談生意的行程，晚上還得忙著接待客人，所以，「一個人靜靜思考事情的時間」出奇地少。因此，他們才需要為自己預留一些「獨處的時間」，並利用這段時間來思考重要的問題。

某位大型製造商的經營者也習慣為自己預留一段獨處的時間，每天一大清早就是他的獨處時間。

他習慣早所有人一步到公司上班。此時公司裡沒有半個人，他就能讓自己處於孤獨的環境中。據說，他就是在這段不受任何人干擾的時間裡思考公司未來的經營方針。

另一位經營者則說：「每逢重大決定，我都會把自己關進飯店的房間裡。」

只有少部分的人知道他把自己關進飯店的房間裡，所以不會有任何工作上的電話打進房間，進而打擾到他。

他會先把手機關掉。此時的他置身於完全的孤獨之中，也能夠專心、客觀地思考事情，不被旁人的意見所惑。

公司的決策通常透過會議或討論的方式做出決定，所以，傾聽眾人的意見也很重要。

可是這位經營者卻認為：「最終還是得自己一個人判斷，才能找出正確的方向。」

被迫做出選擇的人雖然會參考別人的意見，最終還是得一個人靜靜地思考再做出判斷。

而能做出經過充分思考的判斷，也是孤獨帶來的好處之一。

試著在思考重要問題的時候獨處。

第6章

在「孤獨的時光」裡活得像自己

在乎他人眼光的人，其實需要獨處的時間。

Alone

尋找孤獨

心理學有一句話叫作「積極的孤獨」，英文是「Solitude」。意思是「積極地在生活中預留一段『獨處的時間』」，換句話說就是強調孤獨的正面意義。

許多人對孤獨抱持著「寂寞」「痛苦」的印象。孤獨也的確有這些負面意義，但是正面意義也不少。例如：

- 心情會變得平和穩定。
- 能找出自己喜歡的事。
- 能專心於事物之中。
- 能冷靜判斷。

孤獨
也有
許多
「正面意義」。

・能進一步思考人生。
・能發揮自己潛藏的才能。
・能找回自我。
・能更有創意。

「孤獨」有上述這許多正面的意義。

所以，別只從負面意義解釋孤獨，應該積極地預留一段獨處的時間，讓生活中充滿孤獨所帶來的好處，才是上上之策。

這種「積極的孤獨」，也是現代人通往幸福的祕訣之一。

Alone

積極的孤獨

幸福有許多類型，「活出自我」「活得像原本的自己」等都是其中一種。

日本作家武者小路實篤（十九世紀至二十世紀）曾說：「有生必有死，我亦終將死去。只願在世時活出自我、不向任何人低頭、不為任何事折腰。」

我想他的意思是——「對自己來說，活得像自己是最幸福的一件事」。

只是不為五斗米折腰、活出自我色彩卻出奇地困難。應該有不少人會在意旁人的眼光，或是不敢在公司裡違抗上意，只能選擇扼殺自我吧？

即使如此，如果能在下班後為自己打造一個獨處的環境，就能盡情地活出自己，也可以因此全心地投入到自我興趣中，隨心所欲地揮灑時間。

這意味著，有機會釋放「扼殺自我」造成的壓力。所以，非常建議為自己預留一段獨處的時間，好讓自己有機會活出自我。

這就是心理學所說的「積極的孤獨」。為自己留一段獨處時光的人也是積極活出自我的人。

正面擁抱孤獨的人，也是積極活出自我色彩的人。

Alone

你喜歡的那件衣服，放到哪裡去了？

有些人不管是在公司、在學校，還是在某種集會裡，只要身邊有一大群人圍著，就會覺得「痛苦得喘不過氣來」。之所以會有這種感受，往往是因為太在意他人，而太壓抑自我。

為了和諧相處，不敢說出自己真正的想法；害怕造成他人的麻煩而不敢採取行動；常不經意地優先配合他人的節奏；即使有想穿的衣服，也只敢選擇看起來不太突兀的款式，只為了配合周遭人的想法。

像這樣時時在意他人眼光、配合他人的節奏，其實是一種令人窒息的痛苦，也是一種精神上的慢性自虐。長此以往，心中的不滿將一點一滴累積，直到某一天爆發為止。

為了避免這種情況，最好平時就為自己留一段獨處的時間，並在這段時間裡盡情地解放自己。

可以在獨處時，將心裡的話寫進日記中，也可做一些雖然害怕他人眼光，卻又真心想做的事。

在獨處時，按照自己的節奏做自己想做的事，好比說穿上喜歡的衣服一個人出門逛逛。如此一來，壓力將得到紓緩，心情自然也會更加悠哉。

解放自我，讓心情更加悠哉。

Alone

一個人唱卡拉ＯＫ如何？

某位喜歡卡拉ＯＫ的男子說自己常一個人去卡拉ＯＫ唱歌。雖然他也很常陪同事或客戶，但他也常常一個人去。

這是因為，陪同事或客戶去，往往得配合他人，不能盡情地唱自己喜歡的歌。

如果是為了工作去卡拉ＯＫ，他通常會選擇能炒熱氣氛的歌曲，而不是選擇自己喜歡的歌。

當別人在唱歌的時候，也不能忘了要炒熱氣氛，這讓他覺得去卡拉ＯＫ不一定能放鬆，有時甚至會因為同行的人而更加疲憊。

就與同事或客戶聯絡感情而言，受到邀請的他當然會跟著去，當下也會很開心，但他更重視一個人去卡拉ＯＫ唱歌的機會。因為此時的他才能不在意他人，打從心底享受卡拉ＯＫ，讓自己徹底放鬆。

此外，一個人去唱歌，等於整個包廂只有自己。對他而言，一個人去卡拉ＯＫ唱歌，是一段找回自我的時間。

偶爾逃離千絲萬縷的人際關係，心情才能變得從容。

爲
自己
尋找
一處
讓
心情
變得從容的「孤獨之處」。

Alone

找回一個人的時間

有家庭的人，很難活得像自己。

某位女子育有兩個孩子。

她必須在孩子面前扮演「好媽媽」，有時候也得扮演「嚴格的媽媽」「管教功課的媽媽」。

在老公面前，她也得扮演「好妻子」；有時也得扮演「溫柔的妻子」「懂得傾聽的妻子」。

她曾說，不斷扮演各種角色的她，沒機會活得像自己，也常覺得好疲倦。所以，她每個月會有一天或兩天將孩子交給丈夫照顧，好讓自己有機會一個人出門逛逛。此時她會穿上帶孩子的時候不能穿的衣服，也會一個人看看電影、上上館子。

對她而言，這是一段獨處、解放自我的時間。正因為有這段獨處與解放自我的時間，所以她的心理總是很穩定與健康。

有些正在帶小孩的父母，會因為被剝奪屬於自己的時間而感受到極大的壓力。夫妻之間應該互相關照，有時可以輪流看顧孩子，為自己留一段獨處的時間。

輪到休息的人得以暫時放下孩子與家事，享受一個人的時光。解除壓力後，就能重新充飽電力。

而父母親活得朝氣十足，對孩子也會有非常正面的影響。

獨處的時間能帶來「稱職」的父母所需的活力。

Alone

人是在乎他人眼光的生物

英國劇作家威廉・莎士比亞（十六世紀至十七世紀）曾說：「世界是一座舞台，所有男女都只是一名演員。」

我覺得這句話有「人或多或少都扮演著某些角色」的意思。

例如，當「公司」是個「舞台」，主管就扮演「負責指揮的領導者」「具有包容力的領袖」。有些女性也會在男朋友面前扮演「可愛的女人」「通情達理的女人」「溫柔的女人」。

簡單來說，每個人都會在不同的人生舞台扮演立場不同的角色。

但所謂的「扮演」，就是「扼殺自我」「隱藏原本的自己」。如此一來，就會累積不少精神上的壓力。所以，有時候得放下角色，回到原本的自己、找回自己的個性。

而只有在獨處的時候，你才有機會脫下面具。因為身邊再沒有其他人，不需要再扮演任何角色。沒有人注視你，所以能放心地做自己。

如果沒有這段獨處的時光，就很可能面臨被「扮演角色」所帶來的壓力壓垮的危險。

讓自己有一段「放下角色」的時間。

Alone

在乎他人眼光的人，其實需要獨處的時間

人或多或少都會有一點虛榮心，這是一種「想讓自己看起來更好、想讓別人羨慕自己」的心情。

這讓我們有時候會打腫臉充胖子，做不到的事情也硬說「可以」；也會有明明不懂，卻裝得好像很懂的時候。也會假裝與不熟的名人聊得很開心的樣子。

在競爭激烈的現代社會裡，許多人時常不知不覺地如此偽裝自己。

但就某種意義上而言，「虛榮」其實就是「隱藏真實的自己」，

這也是壓抑自我的面向之一。

有時這麼壓抑會不斷累積壓力，直到自己討厭自己為止。所以，最好能安排固定時間，待在不需要隱藏自我的環境裡找回自己。

獨處時，不用在意自己的缺點會攤在陽光下，能夠活得更像自己。此時的心情將得以放鬆，壓力也將得以釋放。

置身於不需要隱藏自我的環境中。

Alone

幹嘛非要白羽毛不可？

伊索寓言裡有一則〈烏鴉與天鵝〉的故事。

故事裡，有隻住在神殿的烏鴉。由於神殿裡有許多食物可吃，所以烏鴉從不煩惱食物。

但這隻烏鴉很虛榮，牠希望自己能像天鵝一樣擁有一身潔白美麗的羽毛。於是，烏鴉就開始思考：為什麼天鵝能擁有白色的羽毛？

牠首先想到的是——「一定是天鵝住在池子邊，每天都用池水洗澡」。於是，這隻烏鴉就離開神殿，來到天鵝的池子旁定居，並每天梳洗自己的黑色羽毛。

可是再怎麼洗，黑色的羽毛也洗不白。而且，牠也不像住在神殿的時候一樣能有吃不完的食物，最終只能餓死。

這個故事告訴我們：過度虛榮，不惜扼殺自己也要成為嚮往他人的人，將帶給自己莫大的負擔。

有時候，這份負擔會壓垮自己，讓自己變得更不像樣。所以，不需要在意他人眼光、不需與人攀比，足以「自我肯定」的獨處時間才是最重要的。

擁有一段「自我肯定」的時間。

適合自己，更重要

有些人永遠都想追上流行，為此總是不斷地追逐時尚，或是拼命搜尋熱門的流行話題。

追逐「流行」本身並非壞事，但過於沉迷，就很可能迷失自己。因為，「流行」不等同於「適合自己的時尚」；而且「熱門話題」也不等於「能活出自我的資訊」。

拼命追逐流行而失去自我絕對不是人生的幸福；而失去自我的人終將面對隨之而來的空虛。

找不到屬於自己的風格、茫然度過人生的人，應該與流行保持距離，並留一段時間給自己，仔細思考「何謂自我」？

這是一段「能充份展現自我的時尚究竟是什麼」的思考時間，也是收集資訊、活出自我的時間。如此一來，才能通往充實的人生。

收集足以活出自我色彩的資訊。

Alone

流行會過去，留下來的只有風格

掀起女性時尚革命的法國設計師可可・香奈兒（Gabrielle Bonheur "Coco" Chanell，十九世紀至二十世紀）曾說：「時尚易逝，風格永存。」（La mode se démode, le style jamais.）

所謂「流行稍縱即逝」，指的是流行終將在時間之流中退潮的意思。尤其在講究快時尚的現代，流行往往在轉瞬間就落伍了。

現在流行的產品，有可能在下個月就變成舊時代的產品。

現在流行的服飾，也可能在幾個月後就變成穿不出門的舊衣服。

要跟上瞬息萬變的流行非常不容易，而且也很花錢，更會因此造成精神上的壓力。

可可・香奈兒的那句名言可解讀成「與其追求流行，不如堅守自我風格」。「自我風格」就是「自己的生存之道、想法與時尚」。
只有自我色彩才不會隨著時間褪色，這就是所謂的「永遠」。這種永遠，總是能為我們帶來喜悅。
所以，透過孤獨追求「自我色彩」才是聰明的選擇。

過度追趕流行，只會造成精神上的壓力。

第7章

受傷的心會在獨處中痊癒

讓自己置身於孤獨中，
reset自己的心情。

Alone

孤獨能治癒內心

有時候，我們會被公司裡的上司罵得連自信都瓦解了；偶爾我們會因為被朋友挑毛病而覺得沮喪。應該有不少人在這些情況的當下想一個人待著吧！

即使被同事問：「下班後，一起去哪裡走走吧？」也寧可早點回家、一個人待著；即使情人問：「今天要不要見面？」也只回答：「今天我想一個人靜一靜。」

為什麼在遇到討厭的事情或是沮喪的時候，會想要「一個人靜一靜」呢？這是因為獨處有療癒的效果。

或許我們平常很難察覺到這一點，但內心深處總是覺得「獨處有療癒的效果」。因此，每逢發生事件或陷入低潮時，自然而然就想一個人待著。就這一點來看，不妨積極地將獨處當成修復心靈的良藥。

也有些人會在遇到問題或失落的時候選擇與朋友大鬧一場，好一掃內心的鬱悶。喧騰之際的確是非常開心的，但往往隔天情緒會更加低落。

與其如此，還不如選擇獨處，或許讓心靈在安靜的環境下修復，才是好的選擇。

不順心
或
失落
的時候，
試著一個人獨處。

Alone

一個人待著，遇見真正的自己

某位男子被朋友說：「你是沒有任何才能，又不敢積極行動的人。」之後，他一直默默在意這句話。

當他一個人安靜地深思之後，突然發現一件事——那就是「對方之所以敢這麼說，應該是因為我之前真的沒採取過任何作為，也沒有展現過任何才能吧！但說到底，對方還是太口無遮攔了。」

他察覺到這一點之後就不那麼在意對方的說法，也湧現「樂觀地努力下去吧」的欲望。

每個人都是在獨處時，與自己相處時，才能發現「真正的自己」。

世上就是有人會以各種酸言酸語刁難別人，其中不乏故意以毫無根據的事情傷害他人，讓別人陷入沮喪的人。

有時候，我們真的會因為這些「沒來由的刁難」而陷入低潮，這時候，最理想的選擇就是——一個人待著。

選擇獨處、選擇靜靜地面對自己，就會發現，自己不是只有缺點的人，也會發現自己的各種優點，內心也將因此慢慢痊癒。

遭受批評時，試著獨處。

Alone

獨自旅行，治癒心傷

「感傷旅行」（Sentimental Journey）這個詞，曾經流行過一段時間。意思是：失戀的人，為了治癒「心傷」而獨自踏上旅程。

這個詞現今雖然已經退燒，但失戀的人選擇獨自旅行的例子仍然很常見。

其實除了失戀、夢想未能實現、工作不順遂，內心受傷時，都有許多人會透過獨自旅行來修復心底的傷痕。

獨自旅行，就意味著「暫時斷絕日常的人際關係，置身於孤獨的環境中」，如此一來，就能安靜地面對自己，也能進一步思考自己的人生。

心情會變得樂觀，也能告訴自己：「我不是會就此一蹶不振的人，我，還有許多機會得到幸福。我要樂觀地活下去。」

單獨旅行，讓自己置身於孤獨，可以讓內心痊癒，也能按下心情的重設鍵。

和朋友或家人結伴同行當然是一大樂事，但是當內心有難以抹滅的傷痕、或有重大的情緒問題時，一個人旅行也是種不錯的選擇。在旅行途中體會的孤獨，反而能讓心情煥然一新。

大膽地
一個人
旅行，
讓心情煥然一新。

Alone

獨自旅行是獨處的機會

某大型旅行社針對日本人進行問卷調查之後發現，約有六成回答「曾經一個人旅行」。男性約有六成以上；女性也有五成以上。

每個人對於「六成」這個數字的解讀雖有不同，但這個結果的確會讓人覺得：原來曾經一個人旅行的人這麼多。

光從這一點來看，就足以證明「不少人想要一段獨處的時間思考各種事，反思自己的人生，想想該怎麼讓自己從頭來過。」

但從另一個角度來看，想「一個人旅行」卻苦無機會實現的人也很多。所以，如果連這些人都納入計算，不管是否曾經獨自旅行，就有許多人都嚮往或是渴望一個人旅行。換句話說，這不就是許多人期望獨處的證據嗎？

想離開職場、家人與平日的人際關係，一個人走在陌生的街道、置身於孤獨之中，恐怕獨自旅行是最理想的方法。

人生是難以預測的，偶爾會有自覺得淒涼、內心嚴重創傷的時候。如果想在此時讓人生從頭來過，不妨試著一個人踏上旅程吧！

獨自旅行，和「悲慘的自己」道別。

Alone

要用孤獨治癒「源自孤獨的寂寞」

大家是否聽過「四國遍路巡禮」？

真言宗開山祖師的空海（八世紀至九世紀），年輕時曾在日本的四國地區修行。據說他就是在四國開悟得道的。在四國巡迴八十八個與空海有淵源的寺廟或靈場，這就是所謂的「四國遍路巡禮」。

據說，有些人是因為受不了與妻子、丈夫、小孩或雙親死別的寂寞，才選擇踏上遍路巡禮的旅途，其中不乏獨自一個人走遍四國各地的旅行者。他們應該是為了撫平孤獨帶來的寂寞，而一個人進行遍路巡禮。

但讓人覺得有點不可思議的是，「孤獨帶來的寂寞」居然是在孤獨之中化解。

與心愛之人的死別，的確會感受到強烈的孤獨感，會有一種即將「獨自一人生活在世界上」的寂寞。

此時，如果能一個人盡情想念已經遠行的人，心裡的空虛或許就能慢慢填滿，也能思考後續的人生，並得到新的希望。

這一點也可透過「感傷旅行」印證。

失戀時的「孤獨」「寂寞」，可在獨自旅行時得到紓解，同時找到新的希望。

孤獨的確能撫平「源自孤獨衍生的寂寞」。

在孤獨中找到新希望。

Alone

人因孤獨所困，卻因獨處脫困

除了「孤獨」之外，還有「孤單」這個詞彙。這兩個詞彙看起來很像，卻是完全不同的意思。

「孤單」包括「寂寞」「辛苦」「痛苦」這類意思。也有「孤獨的寂寞」這種說法，但其實就是「孤單」的意思。

反觀「孤獨」一詞，原本是指「獨處」的狀態，所以也有「享受孤獨」的說法。從這類說法來看，「孤獨」一詞有「療癒」「充實感」「內心平靜」等這類正面的聯想。然而，「享受孤單」的說法卻不那麼常見，這代表「孤單」的負面意義非常強烈。

換言之，失戀或與心愛的人分手的感覺是「孤單」，也就是「寂寞」「辛苦」「痛苦」等這類情緒。

這類「孤單」可透過「孤獨」紓解。因為，孤獨的療癒感、充實感、平靜感，可撫平寂寞、辛苦與痛苦。

「孤獨」
與
「孤單」
是不同的。

Alone

孤單要靠獨處治癒

即使身邊有一群人，有時候還是難免覺得孤單。

有位在公司裡覺得孤單的男子，他身邊總是有上司或一大群同事，但是他還是常常覺得孤單。

原因是，身邊的人無法了解他的想法，他也常常被別人誤會。所以，就算是在同一間辦公室、就算身邊有很多同事，他仍不免感到孤單。

這種「孤單」即包括「不被理解的寂寞」與「被誤會的難過」。而他正透過「孤獨」來撫平這份「孤單」。

下班回家後，他留了一段獨自讀書、聽音樂的時間給自己。偶爾也會一個人寫寫日記或是讀點書，準備工作需要的證照考試，有時也會冥想與釋放想像力、描繪未來的夢想。

他藉由這段「獨處的時光」讓職場上的「孤單感」得以平復。

或許也有人跟這位男子一樣，總是被周遭的人誤會、誤解，此時不妨試著獨處，藉此撫平孤單。

被孤立的寂寞可以利用獨處治癒。

Alone

羈絆很好，自由更好

常聽到「羈絆」這個詞。這個詞通常以「夫婦之間的羈絆」「朋友之間的羈絆」「同伴之間的羈絆」的形式使用。

重視與親朋好友之間的羈絆，當然是掌握幸福生活的一大關鍵。

但「羈絆」的「絆」，也是「絆倒」「牽絆」，代表「絆」有「奪走自由」的意思。換言之，「羈絆」意味著「被奪走自由」。

如果你非常重視與朋友之間的羈絆，那麼有時候你就得多讓讓朋友，不能隨心所欲地做自己想做的事。

進一步來說，越重視與他人之間的羈絆，越是得失去一定比例的自由。「失去自由」往往會累積成巨大的壓力，有時甚至會因為這股壓力而無法感受到幸福。
所以，偶爾得讓自己離開這些羈絆，讓自己置身於孤獨之中。因為，孤獨能讓因失去自由而來的壓力得到緩解。

偶爾
試著
放下
「與他人之間的羈絆」，
讓自己
置身於孤獨之中。

Alone

對那些我們所愛的人

有位女子的工作能力非常強，公司的高層對她抱以厚望，她自己也對這份工作很有興趣。

結婚之後，她覺得自己既有充滿希望的工作，又有心愛的伴侶在身邊，人生簡直是一帆風順。

但是，她的工作很辛苦，也因此累積了不少壓力，所以下班回家後常常與丈夫發生爭吵。最後，巨大的工作壓力逼得她對丈夫說出不該說的話，兩個人也發生肢體衝突。

自覺「不能再這樣下去」的她，決定下班後先去咖啡廳坐一下。她在這段咖啡廳的「獨處時光」裡讀書、寫日記、寫信，努力消化工作帶來的壓力，也確實消除了不少壓力。

雖然這段「獨處的時間」很短暫，卻能讓她徹底轉換心情，不再將工作壓力帶回家裡。

而且，就算工作上遇到討厭或痛苦的事，也能在這段「獨處的時間」內撫平，回家之後也能很好地轉換心情。

如果你常把工作的壓力帶回家裡，這不正是一個值得你參考的借鏡嗎？

在「獨處的時間裡」消化工作壓力。

Alone

孤獨是帖靈藥

某位愛車的男子，在想要紓解壓力時都會開車兜兜風。愛上駕駛快感的他，也常開車載親朋好友出門玩。

一群人出門固然樂趣多多，但他也很珍惜一個人開車的時間。

一個人開車的最大優點，當然就是享受孤獨，車內也是能讓人獨處的空間。

他曾告訴我：「一邊聽著喜歡的音樂、一邊開著車，覺得疲勞都瞬間消失了。」

對他來說，這段一個人開車的時間與載親朋好友出門遊玩不太一樣，可以讓自己的心靈得到極大的解放。所以，他很重視一個人開車的時間。

與
家人
或
朋友
相處，
有時反而會徒增疲勞。

的確，正如同他所說的：與親朋好友一起度過的時間也是心靈上的綠洲，但是在獨處時感受到的卻是另一種心靈上的平靜。

進一步來說，意思是：獨處可以讓我們得到更深層的療癒。有時候我們會累得一蹶不振，此時不妨試著獨處，尋求來自孤獨產生的靈藥。

若此時硬是在親朋好友面前強顏歡笑，反而會加重精神的疲勞感。

第8章

朋友不多也很好，一個人也沒關係

友多心煩，友少心安。

Alone

沒有朋友與戀人，其實有許多好處

「沒朋友」「沒情人」。有些人會這麼形容自己。這其實是在說自己「很寂寞」「很難過」。

沒有朋友或情人，想必是寂寞的吧！但我覺得沒必要過於悲觀，因為這麼想只會更覺得淒涼，倒不如正面看待「沒朋友」「沒情人」這種孤獨的狀況。

沒朋友，也沒關係；沒情人，也無大礙。這種孤獨也有很多好處。其中之一就是：沒有朋友或戀人的人，就多出「獨處的時間」「孤獨的時間」。

你可利用這些時間讀更多的書，增加自我涵養；也能趁著這段時間投入其他興趣；誰說一定要有人陪在身邊，人生才是圓滿？

所以，不妨將「沒朋友」「沒情人」，解釋成有更多的時間，然後好好享受人生吧！

別
因為
沒有
朋友
或
戀人
而長嘘短嘆。

Alone

友多心煩，友少心安

「朋友是多多益善，朋友越多，越能享受人生」。

有些人喜歡四處遊走、結交朋友，也樂於與朋友交流。只是身邊越多朋友的人，有時越容易覺得「沒有朋友很寂寞、很難受」。但有很多朋友，也不一定就會快樂。

例如，某位交遊廣闊的男藝人，每逢過年就得整理粉絲送來的新年禮物，也得忙著寄收賀年卡，當然也得應付陸續上門拜年的各界好友，常常因此忙得不可開交。

某些人也會因為忙於應付許多好友，「沒辦法留一點時間給自己」而煩惱。而朋友越多，就更可能被捲入人際關係的波瀾中。

有些人每天都被這些人際關係困擾。例如，有時得替朋友揹黑鍋，有時得花時間應付朋友；反觀「沒那麼多朋友的人」，擁有更多屬於自己的時間，所以能盡情享受自己熱愛的事物、實現滿足的人生。

而且，不用再為那些無關痛癢的人際糾紛困擾。反而能平靜地生活。

就這一層意義而言，「沒有朋友的孤獨」反倒是件好事了。

沒有朋友的人，也少了人際關係的糾紛。

Alone

沒時間交朋友的熱衷

我認為，所謂的成功人士是「能徹底愛上某件事」的人。

不知道大家是否聽過「戲痴」這個詞？

這裡的「痴」沒有負面意義，指的是「太愛演戲，如醉如痴」的意思。

有的人太愛演戲，而且對演戲非常投入。偉大的演員很多都是「戲痴」。

某位漫畫家也曾說自己是「漫畫痴」，意思是「我愛漫畫成痴，也對畫漫畫這項工作很痴迷」。許多成功的漫畫家似乎都是這類「漫畫痴」。

而不管是什麼工作，能在該領域成為佼佼者，常常是「對一項工作如痴如醉」的人。

既然埋首於某件事情中，自然就沒時間交際應酬；將大量的時間分配給某件事、與朋友出門遊玩或尋找戀人的時間自然就會變少。就這一點來說，投身於某些領域的成功者也可能「沒朋友」「沒情人」。

因此，不需要覺得這些佼佼者「沒朋友」「沒情人」一定很痛苦。因為，能把這些時間花在自己熱衷的領域上，對他們來說，或許才是最棒的事。

熱衷
於
某件事，
並成爲成功人士。

Alone

不擅長與人交談也沒關係

「沒朋友」「沒情人」的人，似乎常覺得自己「我不太會說話，很難與人攀談，所以交不到朋友、也沒有情人」。

「不擅言詞」或許是交不到朋友或戀人的原因之一。但是，「不擅言詞」的人，也很可能是把想說的話都留在心裡，只對自己說。

也就是：「能夠與自己對話」，這意味著「懂得在獨處時自問自答」。

「我現在真的想做的事情到底是什麼？」
「再這樣下去可行嗎？」
「真正的幸福到底是什麼？」

「怎麼做才能解決這個問題？」

諸如此類的自問自答。

而懂得與自己對話的人，往往可以把事情想得更透徹，能更認真地思考自己的人生，也有機會做出更精確的判斷。

他們之中的許多人十年磨一劍，最後想出精彩的創意，創造出世人為之驚豔的偉大成就。

所以，不用為了不擅言詞而感到自卑，而是要讓自己成為獨處時懂得「與自己對話」的人。

不斷
「與自己對話」，
可以深化
人生的深度。

Alone

「沒有朋友」「沒有戀人」是個優點

有些人對於「沒有朋友」「沒有戀人」這一點感到非常自卑，也常因此覺得「我這種人怎麼可能得到幸福」，對自己的未來感到非常悲觀。

其實，你完全不需要對「沒有朋友」「沒有戀人」感到自卑。

文藝評論家龜井勝一郎（二十世紀）曾說：「所有缺點的背後都有一連串優點。」

「沒有朋友」「沒有戀人」或許真的是那個人的「缺點」，但「所有缺點的背後都有一連串優點」。例如，「沒有朋友」「沒有戀人」，代表能擁有許多屬於自己的時間，能在獨處時「進一步省思」。

懂得進一步省思，則代表「能做出正確判斷」，也代表能在獨處時埋頭於某項事物、「貫徹某門學問」。

貫徹某門學問，也有「在該領域不落人後」的優點。

所以，大可不必因為「沒有朋友」「沒有戀人」而沒來由地感到自卑。

了解
「所有缺點
的
背後
都有一連串優點」。

Alone

覺得「自己很內向」

心理學有「內向」這個名詞，這是形容個性的詞。

所謂「內向的人」，通常是指不擅長交際，朋友不多、沒有戀人的人。換言之，就是「孤獨的人」。

但這類「內向的人」通常懂得內省，能夠深刻思考。感性豐富的他們往往能夠達到自己預設的目標。

相對的，所謂的「外向」個性，這類型的人擅於社交、懂得交際。身邊通常有很多朋友，也有戀人，卻少了獨處的時間，比較沒機會進一步思考。

某份〈你覺得自己是內向，還是外向的人〉的問卷調查指出，約有六成的人認為「自己是內向的人」。

沒想到會有這麼多人覺得自己內向。如果從另一個角度來看，這代表，有許多人為了「沒有朋友或是朋友很少」「沒有戀人」而煩惱。

其實不用因為這些事情感到自卑，因為有許多幸福，必須憑藉「孤獨的個性」才能得到。

將
眼光
看向
「內向個性」的好處。

Alone

內向才能對一件事著迷

有許多享譽世界的大人物其實都很內向。「內向」屬於不擅於交際、朋友不多的個性。

英國生物學家查爾斯・達爾文（Charles Darwin，十九世紀），就是因為個性內向而成就豐功偉業的人物之一。他最知名的創舉就是提倡「進化論」。

據說，達爾文非常不擅於處理人際關係。他每每出席派對這種人聲鼎沸的場合，就容易精疲力盡，甚至會後得好好地休息一番。

或許是個性使然，也可能是為了埋首研究，他時常把自己關在郊外的住處，避開人群、專心工作。

此外，達爾文雖然結婚了，但是他曾一臉困擾地說：「結婚只會浪費時間。」

綜觀達爾文的人生就會發現，正是內向的個性才讓他能在孤獨之中埋首研究，最後提出「進化論」，為生物學界帶來莫大的貢獻。

如此看來，「不擅交際」「沒有朋友」這種內向的個性，也不全然是件壞事。特別對那些有遠大目標的人來說，我想更是如此。

靈活運用個性內向的優點。

Alone

內向的人也能發揮領袖氣質

普遍認為，個性外向的人比內向的人更適合擔任領導，理由是因為，外向的人比較有領袖氣質。

但其實有些個性內向的人也擁有偉大的領袖風範。例如，美國第十六任總統亞伯拉罕・林肯（十九世紀）就是其中一位。

林肯出生於農民家庭。

他的父母親為了尋找新的墾地，不斷地在美國各地奔波，所以幼年時期的林肯沒機會和朋友建立長期的友誼，總是獨自一個人。再加上家貧的他無法去學校讀書，只能靠自學苦讀。

幼年如此孤獨的林肯也成長為個性內向的大人。

傾聽他人意見，在孤獨中深思熟慮後再做出決定。

內向的林肯，不是那種凡事一馬當先、拉著別人前進的個性，而是傾聽別人的想法，在孤獨之中仔細思考後再下決定的人。

但這種內向的個性為他贏得眾望，在他人口中是「有品格的」「能做出正確判斷」，也是一個「值得信賴」的人物。

雖然林肯的個性很內向，又愛好孤獨，卻不表示他沒有強烈的領袖氣質。

Alone

內向的優點

內向的人總是有不擅於交際、不願交際、寧可善用獨處時光的傾向。

這類內向的人也常常因為不擅於與人相處、沒有朋友、沒有情人而感到自卑。

但個性內向的人也有很多優點。例如，

- 懂得傾聽他人的內心。
- 擁有溫柔的包容力。
- 能夠深思熟慮，藉此做出正確的判斷。
- 不喜歡為難人，也不給人添麻煩。

擁有自信，突顯自己的優點。

．懂得時時努力，擁有堅強的信念。
．樂於學習，深富教養。

哪怕是不太擅長交際，只要擁有這麼多的優點，仍然會受到他人的尊敬，而且也能搏得眾望、發揮領袖風範，甚至能成為成功人士，度過幸福的人生。

所以，就算個性內向，也不要失去自信，而是要對自己抱有強烈的自信心，才是正確的選擇。

自信可以突顯個性內向的優點，並讓自己擁有充實的人生。

第9章

「孤獨」使人成長

過於迎合他人，
並不由他人付出代價。

Alone

過於迎合他人，並不由他人付出代價

無論是誰都希望被喜歡，而不想被討厭。

這種想法本身沒有不對。正因為有「想被喜歡」「不想被討厭」的想法，才會想溫柔地對待他人。

但當這種想法過於強烈就會出現問題：會變得過於迎合他人，而「迎合」就是扼殺自己的主張，得無時無刻配合他人。

這種人不太會有「獨處的時間」。

一旦身邊沒有任何人，這樣的人就會感到不安；每當獨處時，就會覺得自己是個沒人理會、被人討厭的人。

但是不斷迎合他人，總是需要有人陪在身邊——這樣的生活過久了，就越來越沒機會「思考自己的人生與價值觀」。

人要變得成熟，關鍵之一就是要擁有「獨處的時間」。在獨處時認真思考自己的生存之道，才能一步步成長。

就這層意義而言，要想避免「不想被討厭」「想討人喜歡」的心情過於強烈，就必須在日常生活中為自己預留一段獨處的時間。

「不想被討厭」
「想討人喜歡」，
這樣的心情不宜過於强烈。

Alone

人在獨處時成長

佛陀（西元前五世紀至前四世紀）曾說：「要像犀牛角一樣獨自遊蕩（意譯）。」（註）

這句話出現了「犀牛」這個動物。

犀牛的頭上通常長有一支（或二支）角。

這裡的「一支角」指的是「一個人修行」，也用來比喻孤獨。換言之，佛陀的話中之意是：「請一個人修行，在此時的孤獨裡思考『該如何繼續走完人生的路』」。

佛教有所謂的「師僧」，也是指導者兼顧問；也有一起修行的同儕。領受師僧教誨、與同儕對談，也是修行的方法之一。

但佛陀曾說：要悟道，必須「獨自修行，於孤獨中深思」。換言之，人在孤獨之中才能真正成長，讀書也是這樣。

在課堂上聽老師講解、與同學討論，固然會讓自己越懂越多。但要真正融會貫通，還是得一個人靜靜地讀書。

試著像犀牛角般獨自修行。

註：引述自《犀牛角經》。

Alone

聽別人說話，但把時間留給自己

公司裡的上司會教導我們各種工作上的訣竅，讓我們慢慢成長，我們也會從同事裡得到各種建議而逐漸成長。自由工作者沒有直屬的上司、同事，卻還是能在該領域受到前輩的指導，或是夥伴的建議而成長。

我要說的是，原封不動地接受前輩的建議，也不一定就能成功。

要在某個領域成功，就必須一個人思考「這麼做會做得更好嗎？該怎麼做，才能創造更大規模的成果呢？」這類問題，然後再採取行動。

能有這段獨處時間的人，成長的速度最快，也往往是在獨處之際想到成功的關鍵。

就算你的工作是每天被一群人圍著、必須與一大群人聯絡，也要記得為自己預留一段「獨處的時間」。這也是學習新事物、思考下一步、擬定新計劃的時間。

擁有「獨處的時間」，也是邁向成功的祕訣之一。

要擁有「一個人學習、一個人思考」的時間。

Alone

四周都沒人時，最有機會「深入思考」

湯瑪斯・愛迪生（Thomas Alva Edison，十九世紀至二十世紀）曾說：「孤獨創造完美，混亂製造麻煩。」（註）

愛迪生發明了留聲機、活動電影放映機，以及其他為現代娛樂產業奠定基礎的各種作品；與他有關的電燈泡以及其他相關的發明，也為電力產業帶來莫大貢獻。據說，終其一生他發明了超過一千件以上的作品。

如果要問為什麼他能發明這麼多東西？答案應該就藏在開頭那句愛迪生的名言裡。

妥善運用「獨處時間」的愛迪生，因此得到無數的靈感，也讓他成為一名成功的發明家。

另一方面，愛迪生也說了「混亂製造麻煩」這句話。這裡的「混亂」，是指「一群人鬧哄哄的狀態」。意思是，置身於意見紛陳、彷彿菜市場的環境中，沒辦法專心思考，也想不出什麼好結果。在這種環境下沒辦法想出有個性、有開創性的創意，當然也無法創造美妙的成果，更無法讓自己成長。

所以，要得到靈感，就該留一段獨處的時間讓自己在安靜處思考，如此一來，才能有所發明，也才能讓自己更加成熟。

在孤獨中專心思考。

註：The best thinking has been done in solitude. The worst has been done in turmoil.

Alone

孤獨將讓人的個性變得鮮明

有一位與發明大王湯瑪斯・愛迪生時間相同的知名人物，即尼古拉・特斯拉（Nikola Tesla，十九世紀至二十世紀）。

特斯拉出生於現今的克羅埃西亞。大學畢業後，遠渡美國、進入愛迪生的公司，以電機工程師與發明家身分展開一連串的活動。之後，他離開愛迪生的公司、也創立了自己的事業，並開發了無線通信機或日光燈等這類電力相關的用品。

他曾說：「待在不受干擾的孤獨環境下，心思會變得敏銳，也能專心思考事物。創意就是要在遠離吵鬧的環境下才得以發揮。」（註）

看來特斯拉也是懂得「獨處」才成為一名成功的發明家。

孤獨可以深化原創性。

在紛亂吵雜的環境下無法專心思考，因為注意力會變得散漫，無法進一步思考事物。

只有處在孤獨的環境下才能專心思考與深入思考，也才能進一步產生充滿獨創性與個性的想法，讓自己成為成功的發明家。

不只是發明家，每個人都能在孤獨裡成為個性豐富的人。

註：The mind is sharper and keener in seclusion and uninterrupted solitude. No big laboratory is needed in which to think. Originality thrives in seclusion free of outside influences beating upon us to cripple the creative mind. Be alone, that is the secret of invention; be alone, that is when ideas are born.

Alone

在孤獨中持續成長的作品

德國哲學家尼采（Friedrich Wilhelm Nietzsche，十九世紀）曾說：

「帶進孤獨的事物將有所成長。」

這句充滿哲理與抽象的說法讓人有點看不懂吧？其實，就是這個意思：例如，某位小說家將自己所寫的小說「帶進孤獨」。這裡的「帶進孤獨」就是「在孤獨裡專心致志地寫小說」，如此一來，小說將在孤獨之中「成長」。這裡的「成長」是指成為傳世之作。

除了小說，想讓各種事物變得更加「精彩」，就要在孤獨之中努力。

下面為大家介紹一個故事：

某位男子夢想要開一間拉麵店。一開始他煮的拉麵不太好吃，絕對不是能賣得出去的味道。但他沒有放棄，而是靜下心來，一個人不斷地反覆試作、調整味道，他的拉麵也在孤獨與努力之中越來越美味。

他確實花了很多時間找到自己的拉麵，幸運的是，他也擁有了自己的店，而且生意非常興隆。

看來，孤獨真的能讓「作品」成長。

在孤獨中
反覆地
嘗試與失敗，
有機會做出「更優質的作品」。

Alone

喜愛孤獨的人，懂得與他人協調

「喜歡孤獨、熱愛孤獨」「常常一個人旅行或是單獨行動」。這類型的人常給人「不合群」「對人不感興趣」「個性乖僻」的印象。但實情並非如此。

心理學研究發現，「喜愛孤獨」的人不管是在公司、在朋友圈還是在家裡，通常都是合群、性情溫厚的人。因為他們較有自主性，是個成熟的個體，也懂得尊重他人的獨立性，知道要與他人保有適當的距離。

「喜歡孤獨的人不合群」，不過是少部分人一廂情願的想法。能夠很好地自己獨處的人，多半能把人生想得更透徹，也會發現，能努力到現在是受到許多人的幫助，單憑一己之力無法走到現在。所以會懂得感謝周遭的人，也知道重視人際關係就能得到屬於自己的幸福，進而懂得與人為善、謙虛地與人相處有多麼重要。

正因為體驗孤獨能讓人更加成熟，所以才能得到「喜愛孤獨的人懂得合群」的結論。

人在孤獨中

學會謙虛與溫和。

Alone

因為相愛，更要尊重彼此獨處的時間

美國代表性作家之一厄尼斯特・海明威（Ernest Miller Hemingway，十九世紀至二十世紀）曾寫下《老人與海》（*The Old Man and the Sea*）這部知名傑作，也因此得到諾貝爾文學獎而聞名於世。

海明威曾說：「男人偶爾會想一個人獨處；女人也有想一個人待著的時候。」

不論男女，有時候就是會想要獨處。即使是情侶或是夫婦，這份心情都是不變的。

相愛的人，當然會在共享的時光裡感到幸福，但偶爾還是會有「想要一個人待著」的想法。

別過度干涉另一半的「獨處時光」。

「想要一個人、想不受他人干擾、想做喜歡的事情」，應該都會有這樣的心情吧？重視另一半「想獨處、想孤獨」的心情；體貼另一半想要「一個人待著」的心情，其實是非常重要的。

不過度干涉對方的獨處也非常重要。彼此相愛、彼此尊重各自的獨處時光，是讓關係長久圓滿的祕訣。

尊重彼此的獨處時光，能讓情侶或夫婦成長，並建立起更加成熟的關係。

不成熟的情侶或夫婦往往會干涉另一半獨處的時間與空間，也常因此而爭吵。

Alone

在孤獨裡，可以堅定心志

重視孤獨、享受孤獨的人，可說是一個完整的個體。

一個成熟的人，有自己該做的事，所以不會輕易因別人的批評而動搖，本來就不會因為空穴來風的謠言亂了陣腳。

他們不會因為一時衝動而對那些批評他的人惡言相向，而是選擇保持距離，在孤獨裡靜靜地做自己該做的事。

反觀那些不懂得獨處、總是顯擺的人，都是尚未成熟的人。才會一聽到別人說自己的壞話就亂了方寸。

有時還會出言反譏，不然就是陷入失落的情緒中難以自拔。

人生在世，總難免與他人衝突。如果不喜歡因此失了分寸，不妨試著在獨處時讓自己更加成熟。

而在獨處時讀書，加深自己的涵養，認真思考自己的生存之道，可以讓自己變成一個更加成熟的人。

被中傷時，也別亂了分寸。

Alone

別理會那些批評

佛陀是一位在孤獨中成長的人物。

佛陀出生於現今的印度與尼泊爾交界之處的藍毗尼，是當時釋迦族的王子。但是他捨棄王族的身分，於二十九歲時出家。之後，他在深林中獨自修行，並在三十五歲時悟道。

換言之，他在這六年的修行，也就是孤獨之中成長，成為心智完全成熟的人。

下列有一則關於佛陀的小故事：

為了推廣佛教的教義，悟道的佛陀在印度各地旅行。

有一天，來到某個村落，他知道這裡的村人到處在說他的壞話，他的弟子無不因此動搖，但唯獨佛陀一臉平靜。

佛陀對弟子說：「別理會那些批評。慢慢地，就沒人會再批評了。」

時間一久，那些批評佛陀的人真的不再批評了。

在孤獨裡成長的人不會輕易因為批評而動搖。並以此為前提，堅持自己的理想，持續向前。

在孤獨中打磨不輕易動搖的心志。

結語

即使是原本對孤獨抱持著寂寞、痛苦這類負面印象的人，只要了解孤獨其實有許多好處，就會積極地在日常生活之中為自己預留一段獨處的時間，這段獨處的時間也會越來越重要。

有獨處習慣的人會度過豐富的人生，擁有平靜踏實的心靈，也能活出自己的色彩。

最棒的是，獨處還能讓我們得到許多的靈感。

一個人靜靜地待著時，腦海裡總是會接二連三浮現出「我想試試看這件事，我想挑戰那件事」的夢想。接著，還會浮現「這個方法或許行得通，或許這樣可行」的念頭，幫助自己完成剛剛想到的夢想。

此時浮現的靈感，讓許多人得以在他們的人生中創造許多精采。

而我認為，不管是年輕人、中年人還是老年人，只要保有獨處習慣，或許就有機會挑戰偉大的夢想，進而創造更充實的人生。

植西聰

Life 12

孤獨是一種狀態，寂寞是一種心情

孤独の磨き方

作者　植西聰（Uenishi Akira）
譯者　許郁文
企畫選書　張維君
責任編輯　梁育慈
裝幀設計　製形所
內頁排版　楊雅屏

總編輯　張維君
行銷主任　康耿銘

社長　郭重興
發行人暨出版總監　曾大福
出版　光現出版／遠足文化事業股份有限公司
網址　http://www.bookrep.com.tw
電子信箱　service@bookrep.com.tw

發行　遠足文化事業股份有限公司
地址　231 新北市新店區民權路 108-2 號 9 樓
電話　(02) 2218-1417
傳真　(02) 2218-8057
客服專線　0800-221-029
法律顧問　華洋國際專利商標事務所／蘇文生律師
印刷　成陽印刷股份有限公司

初版一刷　2020 年 5 月 20 日
定價　280 元
ISBN　978-986-98058-8-9

LIFE

Let them eat cake.

LIFE

Let them eat cake.